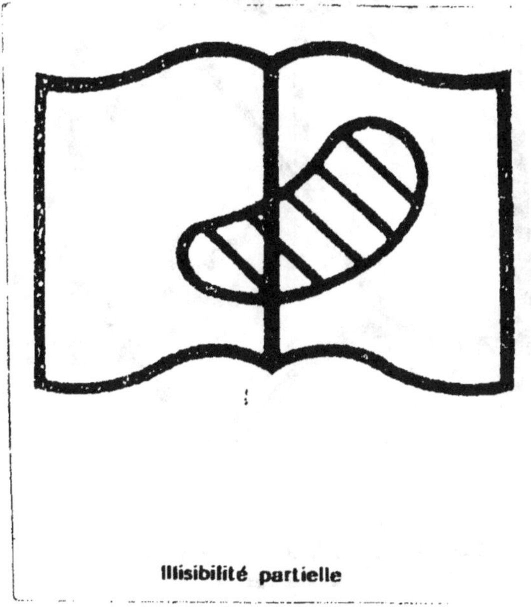

Valable pour tout ou partie
du document reproduit

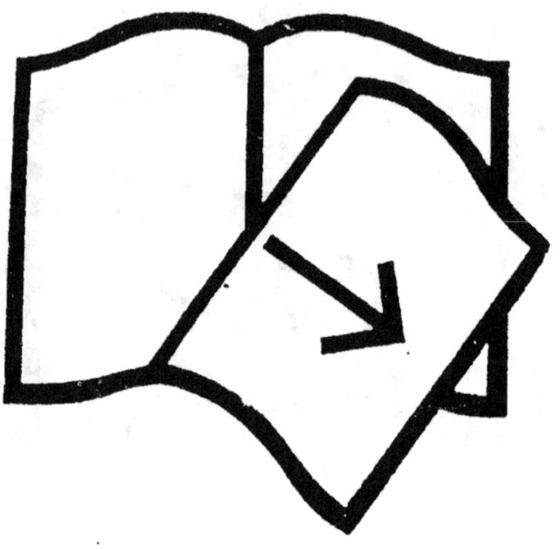

Couvertures supérieure et inférieure
manquantes

Original en couleur

NF Z 43-120-8

et.

A monsieur Léopold Delisle
membre de l'Institut, etc.
hommage très affectueux
de Marius Sepet

L'INVASION DES BARBARES

SON VRAI CARACTÈRE

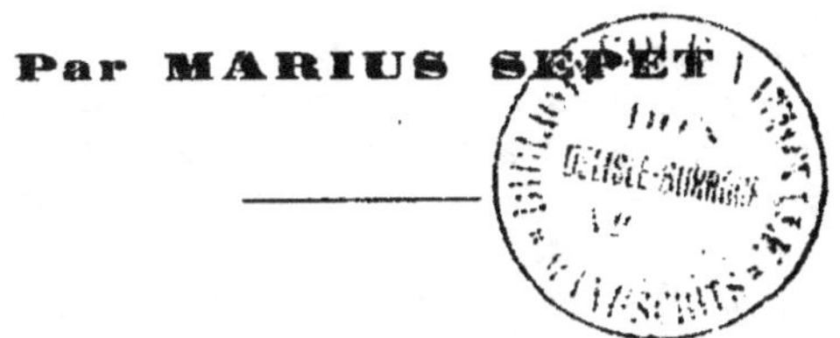

Par MARIUS SEPET

L'invasion des barbares qui, au v⁰ siècle de notre ère, détermina la ruine de l'empire d'Occident et restitua à la Gaule la
vie indépendante ou, comme on dit, l'*autonomie* qu'elle avait
perdue depuis Jules César, est un fait qui domine toute notre
histoire. Il importe d'autant plus de le juger sainement. Mais
on est loin d'être d'accord sur le véritable caractère de ce
grand événement. Suivant la nation à laquelle ils appartiennent et aussi suivant l'opinion religieuse ou philosophique
qu'ils acceptent comme la règle de leur esprit, les historiens
apprécient l'invasion germanique d'une façon très-différente.

. Les uns, ne pouvant se consoler de la chute de l'empire
romain, qu'ils regardent comme l'idéal de la civilisation, confondent dans une égale réprobation le christianisme et les barbares qui sont, disent-ils, les instruments de cette ruine. D'autres, au contraire, font peu de cas de la civilisation romaine,
qu'ils appellent une corruption raffinée; ils gardent toute leur
sympathie pour les barbares, qu'ils transforment en modèles
de toutes les vertus, et dont ils font, à vrai dire, les plus civilisés des hommes. Plusieurs ne sont même pas éloignés de penser que l'inopportun triomphe du christianisme a malheureusement fait obstacle aux grandes destinées que préparait au
monde la religion de Thor et d'Odin. D'autres enfin, séparant
à bon droit la cause du genre humain de celle du paganisme,
romain ou germanique, estiment que le christianisme ayant

1

/5)

donné une vie nouvelle au monde civilisé, cette renaissance a été bien mal à propos troublée par l'irruption violente des Germains sur le sol de l'empire. En d'autres termes, ils considèrent l'invasion comme un fléau, combattu, il est vrai, et bientôt victorieusement dominé par l'Eglise.

La première opinion, qui est celle de Gibbon, et, en général, des philosophes du siècle dernier, garde encore chez nous quelques obstinés partisans parmi les hommes qui n'ont pu s'accoutumer à regarder le moyen âge en face, et qui sont pris d'un soudain tremblement au seul nom de cette « époque de ténèbres. » Mais ce système, qui consiste à rayer d'un trait de plume onze siècles de notre histoire, est à peine digne d'une attention sérieuse. Il faut le laisser à ceux qui pensent, avec M. Havet, que Jupiter aurait grandement suffi à gouverner les consciences, si le christianisme n'avait pas paru dans le monde.

La seconde opinion, est-il besoin de le dire, est née en Allemagne et elle y domine. Inspirée par un patriotisme jaloux, elle renferme, sans doute, une part de vérité, mais elle paraît fausse dans son ensemble. Toutefois, comme elle est encore fort peu répandue en France, il est plus prudent, ce me semble, d'attendre, pour la réfuter en détail, qu'elle nous ait été exposée avec tous ses développements et toutes ses preuves par quelqu'un des érudits français qui entretiennent un commerce assidu avec la science allemande.

La troisième opinion qui est, ou peu s'en faut, celle du savant Guérard, a été exposée de nouveau avec beaucoup de vigueur et une grande lucidité par M. Littré dans plusieurs *études* insérées dans divers recueils, et qu'il a, l'an dernier, réunies en un volume [1]. Comme cette théorie, par l'apparente rigueur de ses déductions, est de nature à réussir en France, c'est à elle surtout que je m'attacherai pour en faire la critique. J'exposerai en même temps quelle est, sur le point en litige, ma propre opinion, qui n'est, après tout, que l'opinion traditionnelle dans notre pays, laquelle ayant survécu aux publications de M. Guérard, survivra, je l'espère bien, aux raisonnements de M. Littré.

J'estime que la décadence romaine, autant que l'histoire en peut raisonnablement juger, ne souffrait point de remède, et

---

[1] *Études sur les Barbares et le moyen âge.* Paris, Didier, 1867, in-8°.

que la société antique, exténuée par un long despotisme, d'ailleurs inévitable, n'avait plus les forces nécessaires pour opérer sur elle-même d'une façon régulière, le travail de transformation qui devait donner naissance à une société nouvelle. Je crois que le christianisme, destiné à procurer le salut de l'humanité tout entière, n'a eu ni pour mission ni pour effet de rendre une vie durable à un corps épuisé, à une forme sociale expirante. Son œuvre véritable devait être de s'établir triomphant sur les ruines du monde romain, et de recueillir ces débris pour les faire servir à une construction nouvelle. Je pense enfin que les peuples barbares accourus du fond de la Germanie ont véritablement rajeuni les nations que Rome païenne avait entraînées avec elle aux extrêmes limites de la décrépitude, et que, convertis et guidés par l'Eglise, ils n'ont pas été les moins actifs ouvriers de ce travail salutaire qui devait enfanter la société du moyen âge, dont la société moderne est la directe et légitime héritière. En d'autres termes, je crois qu'aucun des trois éléments dont le mélange a constitué la nouvelle civilisation : Rome, le christianisme, les barbares, ne doit être exclu soit positivement, soit par voie d'hypothèse, du plan providentiel qui, se déroulant à travers les siècles, suivant des lois régulières, est proprement ce qu'on appelle la philosophie de l'histoire.

I.

Bien que les causes soient antérieures, et qu'elles apparaissent clairement dans les agitations sanglantes qui troublèrent les dernières années de la République, la décadence romaine commence véritablement avec l'empire. Pas plus que M. Littré je ne puis savoir précisément ce qui serait advenu si Pompée et Caton eussent triomphé de César ; si Brutus et Cassius l'eussent emporté sur Octave. Mais je ne me figure pas que le résultat eût été sensiblement différent. La liberté avait vécu et elle ne pouvait plus revivre. Rome était fatalement enchaînée à la dictature. On l'avait pu voir sous Sylla, qui avait tenté violemment de raffermir la constitution ancienne, et qui avait usé d'un pouvoir tyrannique pour ranimer la liberté. Son œuvre, qui n'avait pu s'accomplir que par une dictature, périt avec le dictateur, et Sylla était mort à peine que César recommençait Marius, et s'acheminait lentement au pouvoir despotique en flattant cette plèbe grossière, qui n'avait déjà plus des anciens Romains que le nom. César réussit dans la première partie de son plan, qui consistait à se rendre maître de tout ; il échoua dans la seconde, et paya de sa vie la tentative d'établir sur les débris de la République une monarchie régulière. Du moins légua-t-il à sa patrie la Gaule, dont la conquête et l'absorption furent, à bien prendre, le dernier effort de l'esprit guerrier et politique des Romains. Auguste, parvenu au souverain pouvoir et ayant absorbé en lui les principales magistratures de la République sans ceindre le diadème, de peur d'un nouveau Brutus, inaugura un nouveau système en fermant le temple de Janus, et en faisant admirer au monde « l'immense majesté de la paix romaine. »

Mais qu'est-ce à dire, en réalité, sinon que dès lors Rome sentait bien qu'elle avait atteint la limite de sa croissance et qu'elle devait désormais demeurer sur la défensive? M. Littré, qui pense que la Germanie pouvait et devait être réduite en province romaine, ce qui aurait, en effet, prévenu l'invasion des Germains [1], ne veut voir qu'un caprice de tyran jaloux dans la décision de Tibère, rappelant Germanicus et ramenant définitivement au delà du Rhin l'armée victorieuse qui avait vengé la défaite des légions de Varus. Que le rappel de Germanicus ait eu pour cause la défiance du prince, on doit le croire ; mais le même motif ne s'applique pas aussi bien à la retraite des légions. Et d'ailleurs, cette défiance même qui rendait aussitôt suspects aux empereurs les généraux victorieux, tient à une cause plus générale que la jalousie naturelle à tous les tyrans. Elle prenait sa source dans le vice intime de ce gouvernement, désormais chargé des destinées du monde romain, qui n'en pouvait plus avoir un autre. L'empereur, à la merci des légions, condamné à s'appuyer sur elles et à les craindre, n'avait plus dans la main cet instrument docile qui avait rendu le nom de Rome redoutable à tout l'univers. Cette multitude armée, dont

---

[1] Mais les Slaves? et les Tartares? Si la conquête de la Germanie par Charlemagne a arrêté les invasions, c'est qu'il commandait à des peuples rajeunis par le sang barbare, tandis que Rome eût probablement entraîné la Germanie dans sa décrépitude, comme elle y a effectivement entraîné la Gaule.

il disposait seul, pouvait à chaque instant se tourner contre lui, et ces glaives que sa volonté tenait suspendus sur les ennemis de l'empire et sur les siens propres, un caprice des soldats, désireux de voir accroître leur solde et de s'enrichir aux dépens d'un nouveau maître, en faisaient bientôt les instruments de sa déchéance, qu'une prompte mort suivait toujours. Les Césars avaient assez à faire de défendre leurs frontières contre les barbares et leur vie contre les soldats romains ; le loisir leur manquait pour méditer de grandes entreprises et pour exécuter un plan suivi de conquêtes. Le Sénat leur avait légué un lourd héritage, et c'était assez pour eux de porter le fardeau accablant de la grandeur romaine, sans chercher à l'accroître encore. Quand je vois Adrien abandonner spontanément la plupart des conquêtes de Trajan, son prédécesseur, et le système inauguré par Auguste presque invariablement suivi par tous ses successeurs, depuis Tibère jusqu'à Théodose, j'ai peine à y voir autre chose que la douloureuse expression d'une nécessité politique. La République, soutenue par la force de son institution, n'avait pas cessé d'être conquérante ; l'empire, qui sentait le sol s'affaisser sous lui et la société antique périr lentement entre ses mains, fut essentiellement, à le juger dans son ensemble, malgré les révolutions continuelles qui transportaient d'un prince à un autre la direction du monde civilisé, un gouvernement conservateur. Quoi qu'en dise M. Littré, je ne vois point qu'à travers les difficultés sans nombre, nées de son principe même, qui vinrent l'assaillir, il ait si mal rempli sa tâche, puisqu'il a contenu les barbares jusqu'au jour où l'Eglise fut assez solidement assise pour ne disparaître pas dans la tourmente, pour accueillir, instruire et diriger ces ouvriers nouveaux de la civilisation.

Je ne puis donc accepter le reproche que M. Littré fait à l'empire, et qui est contre lui, dit-il, le principal grief de l'histoire : à savoir de n'avoir pas fait bonne garde aux frontières. Les victoires de Trajan, de Marc-Aurèle, de Probus, de Constance Chlore, de Constantin, de Julien, pour n'en pas nommer d'autres, montrent que les empereurs menèrent vigoureusement la guerre défensive. Mais il fallait bien, après tout, que la lutte eût son terme, et reprocher à l'empire d'avoir à la fin succombé, c'est reprocher au mourant, après une longue agonie, son dernier soupir.

Je remarque, au contraire, que la politique des empereurs fut fort habile, et qu'ils approprièrent, autant qu'ils le purent, à la situation qui leur était faite par une décadence irrémédiable, l'ancienne politique de Rome.

Une des maximes qui avaient le plus contribué aux succès de la République, ç'avait été de se faire des peuples vaincus d'utiles auxiliaires pour de nouvelles victoires. Les Latins avaient aidé Rome à vaincre les Samnites; ceux-ci et tous les autres peuples de l'Italie, quand elle eut définitivement soumis la péninsule, devinrent les instruments qui courbèrent sous le joug et Carthage, et l'Espagne, et la Grèce, et tant de peuples d'Asie. Les archers des îles Baléares, la cavalerie numide furent utilement employés contre les Gaulois, et César avait à peine dompté la Transalpine qu'il y recrutait ses légions. Quand Marc-Aurèle et Probus, après avoir battu les Germains, incorporèrent dans leurs armées un grand nombre de barbares, ils se conformaient à cette règle et se fortifiaient du secours de la barbarie contre la barbarie même. Si cette maxime, longtemps salutaire, à la fin devint funeste, il ne la faut pas reprocher à ceux qui la pratiquèrent, mais plutôt considérer la maladie de l'empire, dont les remèdes ne pouvaient que prolonger le cours, en retardant la dernière crise, et qui, empêchant la mort présente, se rangeaient au nombre des causes de la ruine à venir. C'est ainsi que l'affaiblissement, chaque jour plus grand, de l'esprit militaire dans l'empire, la diminution de la population libre, l'indifférence enfin sur le sort de la patrie, qui fut la plaie des derniers temps, ne permirent pas d'observer cette sage proportion qui, laissant à l'élément romain ou romanisé la prédominance, empêchait que les nouvelles recrues ne fussent aussi incommodes à l'État qu'aux ennemis. Les empereurs prirent à leur solde des corps entiers de barbares pour les opposer aux envahisseurs, et tandis qu'autrefois le Sénat se fortifiait du secours des peuples vaincus, il fallut subir la loi des vainqueurs qui, après avoir ravagé le territoire de l'empire, se faisaient chèrement payer pour défendre contre de nouvelles peuplades le théâtre de leurs dévastations. Contraints par la nécessité, les Césars essayèrent de faire la part du feu, et cette conduite, à mon sens, ne leur peut être reprochée, quand on voit les Francs Ripuaires établis sur les bords du Rhin, défendre si fidèlement contre le flux des autres nations germaines l'accès de la Gaule, et se faire décimer par les Alains et les Suèves, lors de la grande invasion, avant que d'abandonner le poste dont Rome, confiante en leur serment, leur avait commis la garde. C'est, il faut bien le dire, aux généraux et aux soldats barbares en qui résidait à la fin toute la vigueur des légions, c'est aux peuplades barbares qui passaient si aisément avec armes et bagages sous les drapeaux de Rome, que l'empire d'Occident dut de prolonger une vie précaire, jusqu'au jour où les auxiliaires s'avisèrent qu'ils étaient décidément les plus forts, et qu'ils n'avaient qu'à le vouloir pour se substituer au lieu et place de l'Etat, qui n'existait plus que par eux, L'armée d'Italie, la dernière armée romaine, composée de Ruges, d'Alains, de Suèves, de Burgundes, de Huns, de Goths, se souleva contre le patrice Oreste et l'empereur Augustule. L'enfant impérial, relégué dans l'opulente villa de Lucullus, les légions barbares ne créèrent point de nouveau César. Odoacre, proclamé roi des nations, donna à ses soldats le tiers du territoire italien, et la grande révolution, imminente depuis plusieurs siècles, se trouva accomplie sans que personne y prit garde, tant la succession des choses l'amenait invinciblement.

Les réflexions qui précèdent montrent assez que je ne crois pas juste le blâme que Montesquieu inflige à Constantin pour avoir retiré les légions des frontières et les avoir cantonnées dans des garnisons à l'intérieur de l'empire. Le vaste espace embrassé par les limites du monde romain joint à la diminution de ses ressources militaires, avait tellement amoindri les forces que l'on pouvait encore opposer aux ennemis, que la digue, devenant partout trop mince, il fallut, qu'on me passe l'expression, la rendre mobile, afin de pouvoir porter, à un moment donné, toute la résistance sur le point le plus menacé. En ramenant à l'intérieur les armées des frontières, l'empereur s'assurait des forces disponibles dont il pouvait user, suivant l'occurrence, sur le Rhin, sur le Danube ou sur l'Euphrate, et l'empire ramassait, pour ainsi dire, ses dernières ressources pour livrer ses derniers combats. En reprochant à Constantin d'avoir affaibli la défense par ce mouvement destiné à en concentrer les moyens, Montesquieu, si sagace pour l'ordinaire, n'a pas pénétré au fond des choses, non plus que quand il a rapporté à une vanité puérile la fondation de Constantinople.

Sans se prononcer expressément sur ce point, M. Littré

laisse assez voir qu'il n'approuve pas ce changement de capitale, ou, pour mieux dire, qu'il n'approuve pas le choix qu'on
fit de Bysance pour y établir une nouvelle Rome. Toujours dominé, même à son insu, par son idée favorite, que l'invasion
pouvait être prévenue, si les Césars eussent suivi une politique
différente, il place en Gaule le véritable point de résistance
contre les Germains, et c'est là, suivant lui, qu'il convenait de
transporter le siége du gouvernement. Placé à un point de vue
directement contraire, je donne raison à Constantin, auquel un
sentiment confus de l'issue prochaine, inspira de reculer le
centre de l'empire, au lieu de l'avancer, et de donner aux provinces d'Orient, moins sérieusement menacées, une tête qui fît
aussitôt d'elles un corps distinct, et leur permit plus tard de
n'être pas entraînées dans la ruine de l'Occident. L'événement
a pleinement justifié cet empereur, et Constantinople, dix siècles après la chute de Rome, abritait encore dans ses murs les
successeurs de Constantin. Je ne crois pas d'ailleurs que, pour
surveiller et arrêter les barbares, la situation fût mal choisie,
et M. Littré n'a pas, ce me semble, suffisamment tenu compte
des judicieuses observations de M. Albert de Broglie, dont il a
pourtant reproduit une partie. Il a trop songé au Rhin, et pas
assez au Danube. Or c'est par le Danube que les Goths, poussés
par les Huns, pénétrèrent dans l'empire, d'où, par la faute de
Valens, le désastre d'Andrinople, qui ébranla tout. C'est des
bords du Danube que descendirent constamment les envahisseurs de l'Italie. Honorius à Lutèce n'eût pas plus sauvé la
Gaule qu'il ne sauva l'Italie, étant à Ravenne, et le profit eût
été mince que le dernier César d'Occident s'appelât Ægidius au
lieu d'Augustule.

Considérant sous un autre aspect la conduite des empereurs
à l'endroit des barbares, je la trouve encore inspirée par une
ancienne maxime du Sénat, qu'ils ajustèrent comme ils purent
aux nécessités nouvelles et à leur système de politique défensive. Quand les légions avaient pénétré chez quelque peuple,
jusqu'alors indifférent ou hostile, et qu'on voulait réduire insensiblement à une parfaite obéissance, Rome ne tardait guère à
y fonder une ou plusieurs colonies de citoyens romains, qui
devenaient comme les boulevards de sa puissance, et d'où sa
forte discipline s'étendait peu à peu sur la contrée tout entière.
C'est ainsi qu'elle s'assimila tant de peuples divers qui, frappés

du spectacle de la grandeur romaine, oublièrent leur passé, et
n'aspirèrent plus qu'à ce titre suprême, qu'on n'obtenait
qu'après un long noviciat, après avoir passé par une série
d'épreuves, et quand on avait réellement dépouillé tout autre
sentiment que ceux dont s'inspirait un citoyen romain. L'assimilation des nations sujettes étant arrivée, sous l'empire, à la
perfection, le droit de cité put, sans danger, être accordé indistinctement à tous les habitants des provinces. Rome, dès lors,
ne fut plus une cité, régnant sur les peuples vaincus, mais la
tête d'une nation immense et la capitale du monde civilisé.
Restaient les barbares, et il n'y avait point d'autre alternative
que de périr sous leurs coups ou d'en faire des Romains. On
suivit strictement l'ancienne maxime partout où cela fut possible : des villes romaines furent bâties sur les frontières du
Rhin et du Danube. Ces colonies contribuèrent beaucoup, sans
doute, à diminuer l'intervalle qui séparait la conception de
l'état social, telle qu'elle avait pu entrer jusqu'alors dans l'esprit des Germains, de l'idée, bien plus avancée, quoique inférieure à certains égards, que les populations romaines se faisaient de la civilisation. Mais les forces, toujours décroissantes,
du grand empire, ne permettant point aux Césars de créer des
établissements solides au cœur même de la Germanie, ni même
de résister au torrent qui venait battre sans cesse les canton-
nements des frontières, ils ne se départirent point de la politique traditionnelle, mais ils l'appliquèrent en sens inverse. Ils
ne pouvaient établir des colonies romaines sur le territoire barbare, ils établirent des colonies barbares sur le sol romain.
Outre l'intérêt qu'ils y avaient au point de vue militaire, ils
cherchaient ainsi à combler les vides de la population, et à opérer insensiblement la fusion des races, en absorbant dans la
masse des sujets romains ces peuplades qui ne pouvaient manquer de se laisser gagner aux attraits d'une vie policée. S'ils
finirent par être débordés, il ne faut pas leur en vouloir : c'est
que la décadence romaine devint à la fin si rapide que l'équi-
libre étant rompu, ils furent réduits à recevoir les barbares non
plus en colons, mais en maîtres. L'empire alors fut inondé, et
tout s'effondra dans un apparent chaos. Mais quand les éléments, un instant confondus, se débrouillèrent, la politique
des Césars fut justifiée. La distance entre Rome et les Germains
avait été suffisamment comblée pour qu'un germain, nommé

Charlemagne, laissât placer sur sa tête, comme symbole de l'autorité suprême, par le pape, représentant de l'Eglise, la couronne impériale tombée du front d'Augustule, et pour que les souverains de l'Allemagne, c'est-à-dire de ce pays même que Rome n'avait pu conquérir, et d'où était issu le torrent destructeur, conservassent, comme un titre supérieur à celui de roi, le nom d'Augustes et d'Empereurs romains. Concluons donc, ici encore, que les Césars remplirent, autant qu'ils le purent, leur mission de conservateurs, puisqu'ils assurèrent à leur empire une sorte de vie posthume, et transformèrent à ce point chez leurs adversaires l'idée du pouvoir, laissèrent si fortement imprimé dans les esprits des barbares le souvenir de leur prééminence et de leur grandeur sacrée, que le nom du vainqueur de Pompée conquis à sa place, si j'ose le dire, dans la langue allemande et qu'il y demeure, aujourd'hui encore, comme le signe le plus élevé de la souveraineté [1].

Enfin, à un troisième point de vue, je remarque que les empereurs n'abandonnèrent point l'ancienne politique de Rome. La maxime « diviser pour régner » fut pratiquée par les Césars aussi constamment que par le Sénat. Profitant des haines enracinées qui divisaient les nations barbares, ils ne se firent point faute de les mettre aux prises et les encouragèrent à se détruire les unes les autres, ce qui laissait à Rome le temps de respirer, ce qui l'aurait sauvée peut-être, si elle avait pu être sauvée. Je n'insiste pas sur ce point, qui a été mis en pleine lumière, et qui ne paraît pas souffrir de contestation.

Si j'ai réussi à combattre l'opinion de M. Littré, à savoir que les empereurs n'ont pas fait bonne garde aux frontières, si j'ai persuadé à mes lecteurs que la défense, considérée dans son ensemble, a été aussi vigoureuse, aussi habile, aussi efficace qu'elle pouvait l'être,—j'ai montré du même coup que l'invasion des barbares ne pouvait être prévenue, ce qui revient à dire que Rome devait succomber, que sa chute par conséquent n'a sûrement pas été une « honte, » et qu'il y a de fortes présomptions qu'eu égard à la civilisation qui a succédé, elle n'a pas été « un malheur. » Il est évident que par chute j'entends la crise violente que subit la civilisation antique, qui n'avait plus la force

---

[1] Personne n'ignore qu'*empereur* se traduit en allemand par *Kaiser*, qui n'est autre chose que le mot latin *Cæsar*.

d'accomplir régulièrement une indispensable métamorphose.

C'est ici le lieu d'examiner deux idées, assurément nouvelles, émises par M. Littré, qui ne sont pas peut-être dénuées de toute justesse, mais qui jusqu'à nouvel ordre paraissent plutôt des hypothèses ingénieuses que des vérités démontrées.

La première consiste à soutenir que cette masse énorme de l'empire d'Occident, se divisant elle-même, devait, par le cours naturel des choses, donner naissance aux nations romanes : l'Italie, la Gaule, l'Espagne, et aussi l'Angleterre qui, dans cette hypothèse aurait été, au moins en partie, une nation romane, puisque l'invasion anglo-saxonne n'aurait pas eu lieu. « Le seul service que je mette au compte des envahisseurs, dit M. Littré, c'est d'avoir définitivement rompu l'unité de l'empire, rendu à une existence isolée l'Italie, l'Espagne, la Gaule et l'Angleterre, et supprimé l'empereur. Cette rupture et cette supression se seraient inévitablement faites sans eux par une dissolution naturelle, mais, dans leur irruption, ils les accomplirent et le terrain fut déblayé. »

Je ne suis pas éloigné de croire, avec M. Littré, qu'une pareille tendance a réellement existé au sein de la décadence. Il est dans la nature des choses qu'un corps qui a atteint la limite de sa croissance, commence par s'affaiblir et finisse par se diviser. La division du monde romain en deux empires, déjà irrévocablement accomplie au moment de l'invasion, est au moins une présomption en faveur de ce système. Mais je remarque aussi qu'une telle tendance était vivement combattue par une tendance contraire, qui ramenait sans cesse vers l'empereur légitime les nations pour un temps dissidentes, et qu'aucun usurpateur ne parvint à fonder une monarchie indépendante soit en Espagne, soit en Gaule, soit en Bretagne. Les populations romaines, destituées de toute vigueur, balançaient indécises entre l'unité romaine dont l'éducation avait fait à leurs yeux un idéal sacré, et l'indépendance qui aurait relâché peut-être les liens du despotisme ; le présent n'arrivait point à se détacher du passé pour constituer l'avenir ; l'épée des barbares trancha le nœud que nul ne savait délier, le problème fut résolu, et un service immense rendu à la cause de l'humanité.

La seconde idée de M. Littré a trait aux origines de la féodalité, que la conquête, dit-il, fit surtout germaine, mais à laquelle, suivant lui, la société romaine allait spontanément et

par une pente naturelle. Il est certain que la petite propriété,
à laquelle, dans une société où l'industrie était peu de chose,
se rattachaient étroitement les destinées de la classe moyenne,
voyait le sol lui échapper de jour en jour, et que le territoire
de l'empire se trouva, à la fin, réparti entre un petit nombre de
grands propriétaires. La plupart des hommes libres furent
transformés en colons, placés sous la protection d'un maître qui,
moyennant une redevance fixe, les laissait jouir d'une partie
des fruits de la terre qu'ils cultivaient : les esclaves, d'autre
part, grâce à l'influence du christianisme, cessant d'être con-
sidérés comme des têtes de bétail, montèrent en grand nombre
au degré où les hommes libres étaient descendus, et s'attachè-
rent à la glèbe, d'où l'on s'accoutuma insensiblement à ne les
plus séparer. Telle est, on le pense généralement, l'origine du
servage qui forma comme la base du système féodal. Mais ce
système, pour être complet, supposait une révolution bien plus
vaste que cette modification dans le régime de la propriété. Il
fallait que l'idée du pouvoir politique s'attachant étroitement à
l'idée de la possession territoriale, la hiérarchie des pouvoirs
correspondît exactement à une hiérarchie des propriétés qui
n'existe point sous l'empire. Je vois bien naître le servage,
mais je ne vois point dans la décadence romaine les germes
apparents de la vassalité. Les préfets, les vicaires, les prési-
dents des provinces sont des lieutenants de l'empereur, toujours révocables, agents rétribués de l'autorité centrale. Pour
que la transformation de l'empire, monarchie administrative,
véritable chef-d'œuvre de bureaucratie tyrannique, en une
organisation sociale tout opposée s'accomplît, ne fallait-il pas
précisément que l'irruption des barbares, et les violentes com-
motions qui s'ensuivirent pendant plusieurs siècles, arrachas-
sent des esprits, façonnés à la romaine, cette habitude d'attendre,
avant de faire quoi que ce fût, les ordres du Prince, représentant de l'Etat, en les forçant à ne compter que sur eux-
mêmes, ou à demander une protection efficace à un voisin plus
puissant, à qui en retour ils promettraient leurs services ? Le
régime féodal, qui est le triomphe des forces individuelles sur
la conception abstraite de l'Etat, suppose une société en travail
de constitution ou de reconstitution. Mais je ne pense pas que
la société romaine, plus avilie de jour en jour, eût même la
force de se dissoudre. C'est ce que prouve, à mon sens, la des-

tinée de cet empire d'Orient, où le despotisme le plus inepte et le plus honteux perpétua sa misérable existence, sans que rien naquît pour le remplacer, quoiqu'il semble que des causes pareilles donnant partout les mêmes résultats, la féodalité dût s'établir d'elle-même dans les provinces de cet empire qui échappèrent aux Arabes. La séparation d'avec l'Occident ne peut servir ici d'excuse, puisque évidemment la féodalité ne pouvait résulter que d'une rupture entre toutes les parties du grand empire.

Le despotisme, tel serait le grief véritable de l'histoire contre les empereurs, parce que c'est de là que vint l'énervement général des mœurs, des esprits, des caractères, si d'ailleurs ce despotisme n'apparaissait comme inévitable. M. Littré croit qu'il en aurait pù être autrement, par exemple si Pompée avait été victorieux. Mais j'ai expliqué comment l'exemple de Sylla n'est pas de nature à faire admettre une telle hypothèse. Que conclure donc? sinon que Rome ayant épuisé ses destinées, il fallait à la fin qu'elle succombât, et qu'en lui donnant le coup de grâce, après une longue agonie, les barbares ont rendu la liberté aux peuples courbés sous le joug impérial, et en ouvrant à l'Occident rajeuni les perspectives de l'avenir, véritablement servi la cause de l'humanité.

II.

En ce temps, où la confusion des idées est arrivée, pour ainsi dire, à son comble, et où les plus absurdes chimères trouvent d'éloquents défenseurs, il faut savoir gré à M. Littré de n'avoir pas pris parti pour Jupiter contre Jésus-Christ. Le savant académicien avoue qu'il a perdu des amis en se refusant à voir dans le triomphe de l'Eglise sur le Paganisme une catastrophe, et dans ce temps héroïque du catholicisme qu'on appelle le moyen âge, une période d'affaissement, un long arrêt dans la marche de l'humanité. M. Littré, jugeant le moyen âge dans son ensemble, le considère comme un progrès sur l'antiquité, et il proclame avec une sincérité des plus louables, et une singulière hauteur de doctrine, que l'Eglise catholique fut l'instrument de ce progrès, et qu'elle accomplit admirablement la grande œuvre de régénération politique et sociale qu'avait rendue nécessaire la décadence romaine.

Mais, comme M. Littré n'aperçoit point le caractère divin de notre religion, et qu'il ne considère le christianisme que comme une évolution destinée à tirer la société des mains du paganisme pour la conduire à une phase nouvelle et à un développement supérieur ; comme il donne gain de cause à Luther et à Voltaire, et que malheureusement il n'a pas dégagé son puissant esprit des sèches théories de ce pontife matérialiste qui avait nom Auguste Comte, je ne m'étonne pas qu'il ait exagéré la mission temporelle de l'Eglise, aux dépens de sa mission spirituelle, et qu'au lieu de voir dans le triomphe de l'Evangile le salut surnaturel de l'humanité, il n'y ait vu et ne consente à y reconnaître que la réorganisation naturelle des éléments dissous du monde antique, et comme une belle préparation à la société moderne et au règne de la philosophie positive.

Tout en nous appuyant du secours des philosophes qui louent, comme il convient, l'influence sociale et le rôle politique de l'Eglise dans le passé, il importe de ne nous pas laisser prendre au piége caché sous ces louanges. Les yeux sans cesse tournés vers la cité céleste, l'Eglise, tout en répandant avec plus ou moins de liberté et de succès, selon les temps, des trésors de lumière et de vie sur les sociétés humaines, ne fait de pacte éternel avec aucune d'elles. Tous les régimes ne lui sont pas également bons, mais elle vit sous tous les régimes. Quand les empires s'écroulent sous le poids séculaire des infirmités qui sont le caractère dominant de toute œuvre humaine, l'Eglise les abandonne au conflit des éléments en travail : *tradidit mundum disputationibus eorum.* Elle se borne à recueillir ce qu'il y avait de bon dans le passé pour le transmettre à l'avenir, mais elle poursuit sa marche ; et quand le moyen âge a rejoint l'antiquité dans le gouffre où les siècles s'anéantissent, sur les ruines du monde féodal comme sur les ruines du monde romain, l'Eglise est demeurée vivante et debout.

Je crois, contrairement à l'opinion de M. Littré, que le christianisme, le jour où il sortit des catacombes, pour devenir, sous Constantin et ses successeurs, la religion de l'empire, n'apportait point à cet empire la croix comme un signe de victoire temporelle et de salut social, mais comme un signe de salut éternel pour les princes et les sujets, en tant que chrétiens, et

comme un abri pour la partie durable de cette civilisation que
Dieu allait bientôt livrer aux barbares. Non, même avec l'aide
du christianisme, la vieille société n'aurait pu vivre, c'est-à-
dire se transformer d'elle-même en la société nouvelle. M. de
Montalembert l'a dit excellemment : « Constantin et ses successeurs furent baptisés ; l'empire, la puissance impériale ne
le fut point... Malgré sa force et son origine divine, malgré
l'humble et zélé dévouement des pères et des pontifes à la
majesté décrépite des Césars, malgré ses hommes de génie et
ses saints, le christianisme ne réussissait pas à transformer la
vieille société. Eût-il réussi à s'en emparer, avec les éléments
qui la constituaient alors, il n'en aurait pu faire qu'une sorte
de Chine chrétienne... Pour que l'Eglise pût sauver la société,
il fallait dans la société un nouvel élément et dans l'Eglise une
force nouvelle. Il fallait deux invasions : celle des barbares au
Nord, celle des moines au Midi [1]. »

Il est certain que si les individus devinrent chrétiens, la
société demeura païenne, et, il faut l'avouer, il était difficile
qu'il en fût autrement. Le paganisme romain qui, par suite des
victoires de Rome, avait absorbé les dieux de la Grèce, de
l'Asie, de la Gaule, était avant tout et surtout une religion politique. C'est ce qu'Ozanam a très-bien vu et parfaitement
exprimé, quand il a dit : « Rome, c'est-à-dire la société même,
est la grande divinité nationale ; en elle se confondent les deux
souverainetés du sacerdoce et de l'empire ; ses lois ont toute
la sainteté, toute l'inflexibilité des destins. *Fas, fatum* [2]. » Le
paganisme, chassé des âmes, devait donc trouver un refuge
dans la constitution intime de cette société que Rome avait
faite, dans les lois et dans les mœurs, dans les lettres et dans
les arts, qui s'étaient formés avec lui et qui n'existaient que par
lui. Pour le détruire définitivement et en arracher les dernières
racines, il fallait que la société fût bouleversée de fond en comble. C'est pourquoi les barbares étaient nécessaires.

Rien n'est plus curieux à considérer que la politique intérieure
des empereurs chrétiens. A bien prendre, et sans nier les services
que Constantin rendit à l'Église, cette politique, si nous la
jugeons dans son ensemble, est misérable, et ridicule au der-

[1] *L'Empire romain après la paix de l'Église. Revue des Deux-Mondes* du
1er janvier 1855.
[2] *Études germaniques*, t. Ier, p. 156.

nier point. Les Césars ne peuvent oublier, même après le bap-
tême, leur titre ancien de grands pontifes, et ils sont possédés
de la manie de gouverner l'Église, où ils veulent établir une
police tyrannique, discipliner les consciences, juger les évêques,
prononcer sur les dogmes, tout régler, tout brouiller. Un singulier instinct les porte constamment à favoriser les hérétiques,
qui sont plus souples sous la main impériale que les défenseurs
de la Vérité. En un mot, le pouvoir, loin de se régénérer, tombe
de jour en jour davantage dans le gouffre creusé sous ses pas : il
est plus que jamais despotique, avec cette nuance d'ineptie
particulière aux tyrans qui se font théologiens.

Les peuples du moins reprennent-ils vie et vigueur ? Pas le
moins du monde. C'est une étrange confusion que de comparer
les conciles à des assemblées politiques, et de croire qu'avec
ces grandes réunions d'évêques la liberté reparaît sur le sol
romain. C'était sans doute un beau spectacle que ces vieillards,
dont plusieurs portaient encore sur leur chair la marque des
persécutions, discutant librement devant l'empereur les plus
hautes questions qui puissent agiter l'âme humaine. Mais ce ne
fut qu'un spectacle, et dans l'ordre politique ce bel exemple
resta sans imitateurs. Qui songea, je le demande, à opposer à la
volonté impériale un frein quelconque ? Considérée au point de
vue religieux, la société romaine après Constantin, est superbe
de jeunesse et de vie ; au point de vue social, loin de
suspendre la chute du monde antique, le christianisme accélère
plutôt une décadence qui doit enfin se résoudre en des ruines
avec lesquelles l'Église et les barbares sauront bâtir.

L'empire, je le répète, était avant tout un gouvernement
conservateur. Son rôle était de retarder le plus possible la ruine,
toujours imminente, de la société antique, qu'il ne faut point
séparer du paganisme auquel un lien de vie ou de mort la rat-
tachait. Or le jour où l'Église fut assez forte pour recueillir
l'héritage de cette civilisation expirante et pour le transmettre
aux générations nouvelles que l'invasion barbare allait vivifier,
l'empire ni le paganisme n'eurent plus de raison d'être. Mais
comme la société romaine ne pouvait pas plus se séparer de
l'empire que du paganisme, qui étaient l'un et l'autre ses plus
fidèles expressions, il se produisit un singulier phénomène. Cette
société qui, à un moment donné, avait accepté le christianisme,
continua d'agir comme si rien n'eût été changé. Ses membres

qui, comme chrétiens, saluaient l'avenir et se préparaient à
convertir les barbares, se retranchaient, comme citoyens, dans
les habitudes anciennes, et derrière ce despotisme véritablement
païen qui était, après tout, la dernière ressource et la suprême
incarnation de la cité romaine. D'où un prodigieux contraste,
et comme toutes les forces vives de l'âme allaient aux idées
religieuses, un prodigieux avilissement dans les caractères
politiques.

La marque la plus certaine de l'anéantissement prochain et
fatal de la société romaine, c'était la disparition presque com-
plète de ces vertus qu'on appelle civiques. L'empereur résu-
mant tout en lui, c'était à lui d'écarter le danger. Quand aux peuples, ils se contentaient d'obéir, et leur servilité leur tenait lieu de
patriotisme. L'aristocratie se livrait à tous les plaisirs ; les ministres de l'empereur et ses généraux consumaient leur temps en des
intrigues de cour qui aboutissaient parfois à des révolutions de
palais. Ils sacrifiaient sans cesse l'intérêt de l'État à leurs
jalousies, à leurs vengeances, et cependant ils étaient chrétiens
et capables de mourir pour leurs croyances. C'est ainsi que
Sébastianus, frère du comte Bonifacius, qui perdit l'Afrique,
cherchant des ennemis au patrice Aétius, courut l'Orient et
l'Occident, et finit par mendier l'appui des Vandales et du roi
Genséric. Mais celui-ci exigeant qu'au préalable, il se fît arien,
Sébastianus refusa, et il fut décapité. « Siècle bizarre, s'écrie
M. Amédée Thierry, où l'on courait sans scrupule les terres et
les mers pour attirer la destruction sur son pays, et où l'on se
faisait martyriser pour sa foi [1] » Cela est bizarre sans doute,
mais pourtant explicable : c'est que la foi était vivante, et que la
patrie n'existait plus.

On est frappé du même contraste quand on considère l'état
des lettres. La littérature chrétienne, quoiqu'elle s'exprime
dans une langue en décadence, est pleine de sève et de ver-
deur. Quelle fougue, quelle imagination, quelle poésie, et en
même temps quelle dialectique serrée, quelle foudroyante iro-
nie dans les écrits d'un saint Jérôme ! Quelle riche variété, quelle
profondeur, quelle onction qui n'exclut point l'énergie, quelles
effusions de piété dans les œuvres d'un saint Augustin ! La
poésie refleurit pour célébrer les mystères de la foi, les fêtes du

____

[1] *Saint Jérôme*, t. II, p. 377.

christianisme, les vertus des saints, le sang fécond des martyrs.
L'hymne s'éléve à des hauteurs inconnues, que nos yeux me-
surent encore avec étonnement à toutes les pages du bréviaire.
Dans la littérature laïque, au contraire, quel pitoyable abaisse-
ment! Un vain cliquetis de mots, loin de dissimuler le vide
absolu de la pensée, ne le fait que plus ressortir. Un entasse-
ment d'images, une profusion de métaphores, une rage de
description qui ne connaît plus de bornes, un débordement
d'épithètes oiseuses et de tours maniérés, tout le fatras de la
rhétorique ne déguisant point l'incurable imbécillité des pané-
gyristes, imitateurs serviles des imitateurs de ceux qui jadis
ont imité Cicéron. La stérilité bouffie des eunuques est le propre caractère de l'éloquence du Bas-Empire. Que dire des poë-
tes ? L'inévitable décadence a suivi son cours. De Virgile on est
tombé dans Lucain, dans Stace, dans Silius Italicus, plus tard
la muse latine a été en proie à Ausone, et maintenant on en est
à Claudien, à Mérobaude, à Sidoine Apollinaire ! On ne chante
plus, on *cisèle*. On versifie longuement sur des riens : « un
bain, une maison de campagne, un dîner, un assaut de beaux
esprits, une course de chars ; » on fait des portraits : « le por-
trait d'un parasite, celui d'un bouffon, celui d'un délateur. »
On raffine misérablement sur le rhythme. Pour qu'un poëte soit
goûté, il faut « que ses hendécasyllabes coulent bien, que ses
hexamètres *bruissent* agréablement. » Horace et Tibulle se
contentaient du mélange régulier des divers mètres. On a
maintenant bien d'autres exigences. Le poëte en vogue est un
ubtil ouvrier. « Ses vers offrent une merveilleuse variété de
pieds et de figures, ses hexamètres chaussent le cothurne ; il
fait des élégiaques à écho, ou retournés, le second vers de ses
distiques rime avec le premier, au moyen de l'*anadiplosis*, etc. »
En un mot, on se donne une peine effroyable pour débiter des
inepties [1]. Joignez à cela tout l'attirail des vieilles fables mytho-
logiques dont on ne parvient point à se dégager, parce que,
comme la société, la littérature laïque demeure essentiellement
païenne, même sous la plume des écrivains chrétiens. Il n'est
donc pas juste de dire, comme l'a fait M. Littré, que le christianisme avait produit une renaissance dans les lettres romai-

---

[1] Philarète Chasles, *Études sur les premiers temps du Christianisme et sur
le moyen âge*. Paris, Amyot, 1847, p. 125, 129.

nes. Le christianisme avait créé une littérature ecclésiastique pleine d'avenir, mais qui n'eut aucune influence sur les lettres laïques qui, d'imitation en imitation, de raffinement en raffinement, tombaient de jour en jour dans une plus dégoûtante décrépitude. Ici encore les barbares étaient nécessaires, et l'on peut juger du service qu'ils rendirent à l'humanité, en comparant les élucubrations de Sidoine Apollinaire à la *Chanson de Roland*.

Ainsi donc, embrassant d'un coup d'œil l'immense étendue de l'empire, je vois d'une part un vaste édifice qui s'affaisse, et dont il ne restera bientôt plus que des ruines plongeant dans la boue, si Dieu n'y pourvoit, c'est-à-dire si quelque torrent ne vient nettoyer le sol : c'est la civilisation antique, c'est la société romaine ; d'autre part je vois un arbre merveilleux, né du sang des martyrs, dont la cime monte au ciel, chargée de rameaux verts, dont l'ombre abrite les fidèles et s'allonge de jour en jour pour recevoir les peuplades errantes qui accourent, guidées par la main de Dieu, afin d'accomplir les décrets de la Providence : c'est la société chrétienne, c'est l'Église. Entre les deux sociétés, entre l'arbre et l'édifice il n'y a rien de commun, que le sol d'où l'un s'élève, où l'autre s'écroule. Les habitants de l'édifice ruiné se réunissent à certains jours sous l'ombrage de l'arbre grandissant, puis ils retournent se livrer à leurs tristes plaisirs, à leurs occupations monotones, dans les vastes salles dont les colonnes supportent à grand'peine le poids écrasant des toits qui s'effondrent. Un grand nombre d'entre eux pourtant, abandonnant à sa chute l'édifice où ils sont nés, où ont vécu leurs ancêtres, ne veulent plus d'autre abri que l'ombrage où Dieu les appelle, et ils y attendent, le front couvert de cendre, dans la pénitence et dans la prière, l'heure solennelle où, sur les débris de la cité gisante, ils accueilleront à bras ouverts les jeunes frères que le Seigneur leur a promis : ce sont les moines, et ils attendent les barbares.

III.

M. de Montalembert avait dit excellemment : « Les peuples germains apportaient avec eux l'énergie virile qui manquait aux serfs de l'empire. La vie s'était retirée de partout ; ils en inspirèrent une nouvelle au sol qu'ils envahissaient, comme uex hommes qu'ils incorporaient à leur domination victorieuse [1].» Cette vérité, M. Littré, suivant sa propre expression, la conteste opiniâtrément. Il ne peut se résoudre à admettre que les barbares aient rajeuni par un sang nouveau le sang épuisé et abâtardi des populations romanes. « D'après la théorie de l'hérédité, dit-il, les peuples sauvages, qui ont moins d'idées et moins d'aptitudes que les peuples civilisés, ne peuvent influer que défavorablement par leur mélange ; et l'histoire prouve que, bien loin d'améliorer le sang, ce sont eux, au contraire, qui ont besoin que leur sang soit amélioré... Physiologiquement, ce ne furent pas les barbares qui améliorèrent la population romane, ce fut la population romane qui améliora les barbares (p. 207) ; » et ailleurs (p. 127) : « Les barbares ne peuvent rien donner : ils ne font que recevoir. Nulle lumière, nulle moralité, nulle sainteté ne vient d'eux... Quelque grandes qu'aient été les misères morales de cette société livrée à la décadence d'une part, à la rénovation de l'autre, toute excellence lui reste par-dessus les demi-sauvages qui l'envahirent. » Je me permettrai de dire à mon tour que je conteste opiniâtrément la valeur des arguments de M. Littré, et qu'ils ne me paraissent pas tenir contre la loi générale de l'histoire et contre l'évidence des faits.

Pour éviter de se laisser prendre au piége des mots qu'on emploie, ce qui n'arrive que trop souvent en pareille matière, il n'est pas, ce me semble, inutile de creuser un peu le sens de ces deux mots de barbarie et de civilisation, sur quoi roule toute la théorie de M. Littré. Ces termes ont quelque chose de vague et de flottant qui prête singulièrement aux méprises des historiens, toujours portés à faire incliner au gré de leurs préférences et de leurs systèmes ces expressions générales qui s'appliquent également à des états très-différents de l'humanité, et des divers peuples qui la composent. Le mot de civilisation (de cité, *civitas*) s'applique proprement à toute société humaine moralement et politiquement organisée, c'est-à-dire où un

---

[1] *Moines d'Occident*, t. II, p. 234. Je ferai pourtant une réserve. Les Barbares n'*incorporèrent* pas les Gallo-Romains. Ils furent au contraire absorbés par eux ; mais ils apportèrent dans le mélange un élément de vie qui manquait totalement à la société romaine, que le christianisme n'avait pu *politiquement* rajeunir.

ensemble de doctrines et de règles unit et restreint tout ensemble, dans des proportions très-variées suivant les temps et les lieux, les forces et les instincts individuels. Or, comme il est certain que, dès l'origine du monde, l'homme a vécu en société, que l'état de *nature*, si fort vanté par Rousseau et ses adeptes, est une pure chimère, ou, pour mieux dire, que la nature humaine renferme dans son essence les principales clauses du contrat social, qui s'imposent invinciblement à tous les individus, il y a toujours eu, dans tous les temps et chez tous les peuples, une organisation morale et politique, si faible qu'elle fût, un ensemble de doctrines et de règles, et par conséquent, à vrai dire, une civilisation. Il résulte de là que *barbarie* est un mot sans valeur propre, et d'un sens purement relatif. La barbarie est un degré inférieur, ou qui semble inférieur, d'organisation sociale par rapport à un degré supérieur, ou qui semble supérieur : ce terme est donc une restriction et non une négation du mot qui lui fait antithèse. Or une organisation, inférieure sur certains points, peut être égale ou supérieure sur certains autres, et les peuples dits *civilisés* ne sont pas nécessairement gâtés ou amoindris par leur mélange avec d'autres peuples qu'ils appellent *barbares*. Je voudrais bien que les historiens et les philosophes humanitaires qui, d'une sorte de chimère vague qu'ils nomment civilisation, font une espèce de religion nouvelle, destinée à supplanter le christianisme dont ils ne veulent plus, n'oubliassent pas si aisément qu'on n'est *barbare* ou *civilisé* que par une comparaison qui peut être fausse, puisqu'on nous traite de *barbares* chez les Chinois.

M. Littré, ce me semble, a quelque peu oublié cette valeur purement relative du mot *barbares*, quand il a affirmé, en termes si absolus, que les Germains ont tout reçu des populations romanes, et qu'ils ne pouvaient rien leur donner. C'est une exagération, en sens inverse, mais égale à celle des historiens allemands qui, faisant de leurs ancêtres les plus civilisés des hommes, ou peu s'en faut, veulent qu'ils n'aient rien reçu des populations romanes, qui les auraient plutôt amoindris et corrompus. N'en déplaise aux savants d'outre-Rhin, je crois qu'on peut à la rigueur accepter cette qualification de *demi-sauvages*, quoiqu'elle paraisse bien sévère, appliquée à une race qui, à peine établie sur le sol romain, s'est si promptement assimilé ce qu'il y avait de durable dans la civilisation antique, et qui a

produit des hommes tels que les Théodoric, les Dagobert, les
Charles Martel, les Pépin, les Charlemagne ; mais je ne puis
m'empêcher de remarquer que, si les Germains n'étaient qu'à
demi-sauvages, ils étaient donc à demi-civilisés. Or n'y avait-il
pas précisément dans cette demi-civilisation certains éléments,
certains germes féconds dont était dépourvue la décadence
romaine ? Ce gouvernement de la nation par elle-même, ce
mélange d'élection et d'hérédité pour la constitution du pouvoir,
ces limites que rencontre l'autorité royale, cette idée ingénieuse
et sage de faire représenter par un petit nombre d'individus
que choisissent leurs égaux, la nation tout entière [1], voilà, ce me
semble, dans l'ordre politique, des faits qui ont leur importance,
et qui ne pouvaient manquer d'exercer une action puissante et
salutaire dans l'organisation de la société du moyen âge d'où
la société moderne est issue. Dès le temps de Tacite, on voit
ces institutions vraiment libres, qui font l'orgueil de l'Angleterre, et qui après des fortunes diverses tendent de plus en plus
à prévaloir en Europe, on voit ce système représentatif et cette
monarchie limitée, dessiner leurs premiers traits chez ces peuplades barbares, sur les bords du Rhin et du Danube, dans les
steppes et dans les forêts de la Germanie. Ne nous eussent-ils
apporté que cette faculté précieuse de résister à l'anéantissement des forces individuelles dans la toute-puissance de l'État,
qui distingue les nations modernes des cités antiques, et qui
fait d'une certaine somme d'indépendance le patrimoine de
chacun de nous, les envahisseurs de l'empire des Césars
auraient droit à notre reconnaissance, et ils auraient suffisamment justifié les désastres de l'invasion. Ce n'est pas peu de
chose de sentir qu'on est homme avant d'être citoyen. Ce sentiment, nous le devons, dans l'ordre spirituel, au christianisme;
dans l'ordre temporel, aux barbares.

Comme le dit très-bien Ozanam, cette *obéissance raisonnable*
qui implique le contrôle permanent de l'État par l'individu, et
qui est devenu le fondement des législations modernes, est le
propre caractère des institutions et des coutumes germaines. Un
tel ressort, une fois contenu et réglé, est autrement propre à
diriger vers un progrès constant les sociétés humaines, que ce

[1] Voyez Tacite, *Germania, passim,* et l'organisation des Saxons dans Ozanam, *La Civilisation chrétienne chez les Francs,* au chapitre intitulé : *Charlemagne et les Saxons.* Cf. Mignet, *Mémoires historiques,* p. 106-109.

culte idolâtrique de l'autorité légale, qui faisait des anciens Grecs et des vieux Romains les esclaves de la République, et qui devait enfanter, après que le despotisme d'un seul se fut substitué, par tout le monde civilisé, à la tyrannie des lois, cette servilité byzantine que le christianisme lui-même, dans l'ordre politique et parce que sa mission était plus haute, ne réussit point à secouer. Est-il donc permis de dire encore que les Germains, ces demi-sauvages qui répugnaient à courber la tête sous le joug d'un tyran ou d'un système, et qui poussaient jusqu'à l'excès le sentiment sacré de l'indépendance et de la dignité humaines, avaient tout à recevoir des populations du Bas-Empire et qu'ils n'avaient rien à leur donner. Ne voyons-nous pas cette obéissance raisonnable à des chefs librement choisis ou acceptés, se transformer en un dévouement sublime, dans cette belle institution du *compagnonnage* dont l'idée, sanctifiée et poétisée par le souffle divin de la foi et de la charité chrétiennes, semble avoir donné naissance à ce magnifique idéal des grands siècles du moyen âge qu'on appelle la chevalerie? La chevalerie, qu'est-ce autre chose, je le demande, que le vasselage anobli par le dévouement, et la suzeraineté consacrée par la protection et la tutelle : dévouement d'une part, protection et tutelle de l'autre, ce sont là précisément les principes du *compagnonnage* [1].

Ce qui vient tout à fait à l'appui de l'opinion que j'exprimais tout à l'heure sur le sens purement relatif du mot *barbarie*, c'est ce que Tacite nous apprend de l'esclavage chez les Germains : « Leurs esclaves, dit cet énergique écrivain, spectateur indigné des vices de la civilisation romaine, ne sont point, comme chez nous, une troupe d'hommes asservis, suivant le caprice du maître, à diverses fonctions domestiques. Chacun d'eux a sa demeure, chacun est maître sous son toit. Le maître impose seulement à l'esclave, comme à un *colon*, une redevance en nature, qui consiste soit en froment, soit en vêtements, soit en têtes de bétail. Quant aux fonctions domestiques, le Ger-

---

[1] On peut voir également dans le *compagnonnage*, sanctifié par le christianisme, l'origine de ces grands ordres militaires qui joignirent tous, à leurs débuts, la pratique des vertus religieuses à la valeur militaire. Voyez dans la *Germania* le beau tableau que trace Tacite de ces libres associations autour d'un chef renommé pour qui ses compagnons (*comites*) constituent une sorte de *cour* pendant la paix, et de *garde* durant la guerre : *in pace decus, in bello præsidium.*

main les réserve à sa femme et à ses enfants. Il est bien rare qu'il frappe un de ses esclaves, le charge de chaînes, le condamne à un travail forcé. Il lui arrive parfois d'en tuer sans doute, mais non pas en matière de châtiment et par un exercice légitime de son autorité. Sa vivacité naturelle, une prompte colère l'emportent, et alors il tue son esclave comme il tuerait un homme libre qui serait son ennemi[1]. » Ainsi, tandis que chez les Romains il a fallu plusieurs siècles et l'influence toute-puissante du christianisme, pour transformer peu à peu, et par une transition lente, l'antique esclavage en *colonat*, le colonat, d'où est issu le servage, était, sinon la forme unique, du moins la forme naturelle (car Tacite, en ce point, doit être contrôlé par d'autres textes), de l'esclavage chez les Germains. Je le demande à M. Littré, des Romains ou des Germains au temps de Tacite, qui sont, en ce point, les barbares ?

S'il n'est pas juste de dire que, dans l'ordre politique et socialt les barbares avaient tout à recevoir et rien à donner, il serai, peut-être plus injuste encore de prétendre qu'ils avaient tout à donner et rien à recevoir. Ozanam a parfaitement indiqué ce qui leur manquait quand, après avoir montré, dans les lois de ces peuples, le germe des institutions libres, il a eu soin de signaler, dans l'exagération même de cet inctinct d'indépendance individuelle qui faisait leur grandeur et leur originalité, la cause de leur barbarie relative. « L'autorité, dit-il, cédait de toutes parts sous l'effort de la liberté. A côté du droit, le fait contraire subsistait publiquement. Le propre de la barbarie ne consistait donc pas, comme on le dit souvent, à n'avoir point de lois : les lois y étaient toutes, mais elles étaient toutes impunément désobéies[2]. » En d'autres termes, l'ordre et la discipline manquaient à cette race, d'ailleurs si bien douée, et c'est pourquoi elle ne fut pas apte à créer d'elle-même et sur son

---

[1] « Ceteris servis, non in nostrum morem descriptis per familiam ministeriis, utuntur. Suam quisque sedem, suos penates regit. Frumenti modum dominus, aut pecoris, aut vestis, ut *colono* injungit : et servus hactenus paret. Cetera domûs officia, uxor ac liberi exsequuntur. Verberare servum, ac vinculis et opere coercere, rarum. Occidere solent, non disciplina et severitate, sed impetu et ira, ut inimicum, nisi quod impune. » Tacite vient de parler des esclaves qui, étant nés libres, avaient perdu au jeu leur naturelle franchise et que le gagnant vendait par la honte qu'il avait d'une telle victoire. C'est à quoi se rapporte le mot *ceteris*. — Cf. Guizot, *Civilisation en France*, t. III, 10ᵉ leçon, p. 196 de la 7ᵉ édition.

[2] *Études germaniques*, t. I, p. 147, 148.

propre sol un empire stable, une société logiquement et fortement organisée. De peuple à peuple, de tribu à tribu, de famille
à famille, et dans la famille même, de parent à parent, nul lien
qui soit de force à brider la farouche impétuosité des Germains.
C'est en vain que le droit germanique protége l'homme dans
l'esclave, en vain que la loi proclame la solidarité des parents
et s'efforce de resserrer les nœuds sacrés de la famille, en vain
que la constitution politique groupe les tribus en nations, et que
les nations elles-mêmes cherchent à se tendre la main dans la libre
unité de l'organisation fédérale : il suffit d'un affront né d'un
moment de colère pour que tout soit bouleversé. Le maître tue
l'esclave, le frère assassine le frère, la discorde triomphe, et
l'implacable haine transmise de génération en génération, per-
pétue les horreurs d'une guerre fratricide entre les familles,
les tribus, les nations [1]. « O dieux, s'écrie Tacite, faites qu'elle
dure, qu'elle s'enracine dans le cœur des Germains, cette haine
mutuelle! elle nous tiendra lieu de leur amour. Les destins
croulants de l'empire ne nous permettent pas d'espérance meil-
leure que la discorde chez nos ennemis [2]. » Cette discorde, soi-
gneusement entretenue par les Césars, après avoir longtemps
retardé la chute de l'empire, se donnait encore carrière sur
ses débris; la satisfaction d'antiques haines se poursuivait
sur le sol envahi entre les envahisseurs. Mais le remède était
trouvé. L'esprit d'ordre et de discipline, dont les sujets de Rome
étaient si profondément pénétrés, fut communiqué par eux à
leurs nouveaux maîtres, frappés d'étonnement et d'admiration,
au sein même de leur victoire, par les débris imposants de la
société antique et de la grandeur romaine. Les Germains firent
part aux populations romanes de leur sublime instinct d'indépendance et d'initiative individuelle, ils apprirent d'elles à
le régler et à le contenir. Dans l'ordre politique et social, le
mélange accompli par les soins et sous la direction de l'Eglise,
fut de part et d'autre un bienfait. Quant aux calamités qui mar-
quèrent une telle crise, il faut les déplorer sans doute, mais il

---

[1] Voyez les *Eddas*, les *Niebelungen*, et la Geste des *Lorrains*.

[2] « Maneat, quæso, duretque gentibus, si non amor nostri, at certe odium
sui : quando, vergentibus imperii fatis, nihil jam præstare fortuna majus
potest, quam hostium discordiam. » — Je remarque qu'ici et ailleurs Tacite
ne dissimule nullement les vices de ces mêmes peuples dont il fait ressortir les
qualités.

faut aussi n'oublier pas que la douleur est peut-être ici-bas l'inévitable compagne des grands enfantements de l'humanité.

Dans l'ordre moral et religieux, est-il vrai de dire que les Germains avaient tout à recevoir des populations romanes et qu'ils n'avaient rien à leur donner? Ici, il importe avant tout de renouveler une distinction, capitale en pareille matière, et dont l'oubli a peut-être été la source principale des erreurs de M. Littré. Il faut séparer le christianisme de la société romaine du Bas-Empire. Il est bien certain que les barbares avaient tout à recevoir du christianisme, et que leurs conceptions religieuses et morales étaient aussi inférieures à la loi divine du Messie crucifié, que le fini est inférieur à l'infini, que les puériles ou sanglantes chimères enfantées par l'imagination des hommes sont inférieures à l'éternelle splendeur du Verbe, puisqu'il semble même qu'on ne les y pourrait sans blasphème sérieusement comparer. Mais la comparaison est licite, je dis plus, elle devient nécessaire, si l'on place les peuplades germaines non plus en face du christianisme, de l'Eglise dépositaire des dogmes et des préceptes de la divine sagesse, du pape, des évêques, des prêtres et des moines, représentants légitimes et organes autorisés de la religion et de la morale nouvelles, mais en face de ces populations du Bas-Empire, converties à la loi du Christ, mais qui tenaient encore, par leurs mœurs et par leurs instincts, aux erreurs, aux dépravations invétérées du polythéisme grec et romain. Or cette comparaison entre les barbares et les Romains, au point de vue chrétien, elle a été faite à la veille, à l'époque même des invasions, par des témoins dont on ne peut révoquer l'intelligence en doute, ni récuser l'autorité. Elle a été faite par un Salvien, par un Paul Orose, et elle n'a point tourné à l'avantage des Romains : «Vous pensez être meilleurs que les barbares, dit Salvien... Je réponds que par la foi nous sommes meilleurs, mais par notre vie, je dis avec larmes que nous sommes pires. Vous connaissez la loi et vous la violez; ils ne pèchent du moins que par ignorance. Les Goths sont perfides, mais pudiques; les Alains, voluptueux, mais fidèles; les Francs, menteurs, mais hospitaliers; la cruauté des Saxons fait horreur, mais on loue leur chasteté...

---

[1] Salvien, *de Gubern. Dei*, lib. 4, — Comparez les foudroyantes invectives de saint Jérôme contre la société de son temps, et le tableau de cette société tracé par M. Amédée Thierry, *Saint Jérôme*, liv. Ier, p. 1-22.

Et nous nous étonnons que Dieu ait livré nos provinces aux bar-
bares, quand leur pudeur purifie la terre encore toute souillée des
débauches romaines [1]. » Et Paul Orose écrit ces paroles prophé-
tiques : « Si les conquêtes d'Alexandre vous semblent glorieuses à cause de cet héroïsme qui lui soumit tant de contrées, si
vous ne détestez point en lui le perturbateur des nations, plusieurs loueront aussi le temps présent, vanteront les vainqueurs et tiendront nos malheurs pour des bienfaits. Mais on
dira : « Les barbares sont les ennemis de l'Etat. » Je répon-
drai que tout l'Orient pensait de même d'Alexandre, et les
Romains ne parurent pas meilleurs aux peuples ignorés dont
ils allaient troubler le repos. « Mais, dites-vous, les Grecs éta-
« blissaient des empires ; les Germains les renversent. » Autres
sont les ravages de la guerre, autres les conseils qui suivent
la victoire. Les Macédoniens commencèrent par dompter les
peuples qu'ils policèrent ensuite. Les Germains bouleversent
maintenant toute la terre ; mais si (ce qu'à Dieu ne plaise !)
ils finissaient par en demeurer maîtres et par la gouverner *selon*
leurs mœurs, peut-être un jour la postérité saluerait-elle du
titre de grands rois ceux en qui nous ne savons encore voir que
des ennemis. »

Ainsi, non-seulement l'Eglise ne redoutait point les barbares,
mais encore elle avait foi dans leur avenir ; elle voyait dans ces
âmes neuves un terrain propice à la divine semence de l'Evangile, et destiné à produire des fruits merveilleux, qu'elle n'espé-
rait plus des cœurs romains, desséchés par la plus longue et la
plus étouffante servitude qui fut jamais. Les aptitudes religieuses et morales des Germains qu'elle savait bien distinguer
de leurs erreurs présentes, lui inspiraient plus de confiance
pour le triomphe définitif de ses principes dans l'organisation
des sociétés futures, que ce bizarre mélange d'aspirations chrétiennes et de mœurs efféminées, tout empreintes de paganisme ;
que cet affaissement universel des esprits et des caractères,
qu'elle signalait douloureusement à la masse de ses fidèles
comme les signes d'une ruine prochaine, contre laquelle elle ne
pouvait plus lutter qu'en préparant dans la solitude des monas-

---

[1] Paul Orose, lib. III. J'emprunte ces citations à Ozanam. *La civilisation*
chrétienne chez les Francs, au chapitre intitulé : *Le Christianisme devant les*
invasions.

tères l'intrépide milice des convertisseurs, ces constructeurs de l'avenir. Ces sentiments de l'Eglise à l'endroit des barbares ne sont pas attestés seulement par les écrits des apologistes, tels que Salvien et Paul Orose, ils le sont encore par les reproches de ces rhéteurs, derniers défenseurs du polythéisme expirant, qui accusaient les chrétiens de manquer de patriotisme et d'appeler les invasions. Ce reproche était sans justice plutôt que sans fondement. L'Eglise n'a pas appelé les barbares ; jusqu'au dernier jour elle est demeurée fidèle à l'empire, qu'elle aurait sauvé sans doute, si l'empire avait pu être sauvé : saint Jérôme a pleuré sur Rome, comme autrefois Jérémie sur Jérusalem, et la mort d'Augustin dans Hippone assiégée par les Vandales, au milieu des citoyens que la présence du vieil évêque enflammait d'un patriotique ardeur, est digne d'un Romain des anciens temps. « Ce qu'à Dieu ne plaise! » s'écrie Paul Orose, tout en prévoyant le bien qui doit résulter du triomphe des Germains. Mais l'Eglise, qui ne pouvait douter de ce triomphe, et à qui sa mission surnaturelle défendait de s'ensevelir sous les ruines du monde romain, l'Eglise se préparait, une fois la chute accomplie, à tendre les bras aux nouveaux disciples que le Christ lui envoyait, et par instant déjà, comparant ces recrues promises, pleines de vie et de santé, aux chrétiens sans vigueur qui se couchaient mollement pour attendre l'heure fatale, elle saluait d'une voix de mère ses futurs enfants, et par avance entonnait, au nom de l'humanité courbée sous le joug des Césars, le cantique de la délivrance. Toute l'histoire de Rome pourrait, ce me semble, être résumée dans ces mots : le triomphe de la force servie par l'intelligence. La conversion des barbares allait renverser cette formule, et mettre enfin la force au service de l'esprit. L'instinct idéaliste [1], voilà dans

---

[1] « Ceterum *nec cohibere parietibus deos, neque in ullam humani oris speciem adsimulare, ex magnitudine cœlestium arbitrantur* : lucos ac nemora consecrant, deorumque nominibus appellant *secretum illud*, quod sola reverentia vident. » Tacite, *Germania*. — Cette phrase de Tacite, qui doit être contrôlée et complétée par d'autres textes, ne s'applique pas indistinctement à tous les temps, ni à tous les peuples de la Germanie. Il est certain qu'il y eut des temples et des idoles à une certaine époque et chez certaines peuplades. Mais le témoignage de Tacite (qui n'a pas, quoi qu'on dise, inventé les *faits précis* qu'il rapporte, mais les a seulement, çà et là, colorés et exagérés) n'en est pas moins un précieux indice de l'instinct idéaliste des barbares. — Au reste, on entend bien que cet *idéalisme* doit être pris en un sens relatif et non absolu. La religion des Germains, prise en soi, était entachée de maté-

l'ordre religieux et moral ce que les Germains apportaient aux populations romanes que l'Eglise n'avait pu soustraire qu'à demi au joug écrasant du matérialisme, ou, pour tout dire, du *positivisme* romain [1].

Il ne suit pas de là, comme les Allemands de nos jours sont disposés à le croire, que les Germains fussent des modèles accomplis de toutes les vertus. Il y a loin d'un instinct à une règle morale. Sans entrer ici dans un examen détaillé de leurs croyances religieuses, on peut dire qu'ils avaient un très-vif sentiment de l'immortalité de l'âme et du bonheur réservé dans une autre vie aux amis des dieux. Loin de craindre la mort, on sait qu'ils la recherchaient avec passion sur les champs de bataille, pour gagner la céleste récompense qui n'était promise qu'aux guerriers vaillants. Mais cette espérance d'une vie future, où la suprême joie devait être de combattre encore et de s'enivrer après le combat, excitait leur ardeur farouche, loin de la contenir, et ne pouvait servir de frein à leurs passions désordonnées. Ils avaient le goût de la boisson, du jeu et du sang jusqu'à la fureur. Tacite loue leur chasteté. Mais ici encore, c'est d'un instinct qu'il s'agit, bien plutôt que d'une règle, et ce noble instinct était sans cesse contredit et vaincu par une brutalité naturelle aux peuples jeunes, comme la corruption l'est aux nations vieillies. Ce respect de la femme, dans le mariage et hors du mariage, qui la faisait regarder par les Germains comme un être inspiré des dieux et la conseillère de l'homme, était un sentiment sublime, bien digne d'être opposé à l'autorité despotique que le père de famille romain avait si longtemps fait peser sur la mère de ses enfants, qu'il tenait, ainsi qu'une esclave, courbée sous sa main *in manu;* mais ce sentiment était loin de diriger toutes les actions, et si la femme germaine était rarement traitée comme une esclave, elle était trop souvent traitée comme une ennemie. Il n'y a

rialisme, puisqu'elle consistait dans l'adoration des forces de la nature. Telle que la décrit Tacite, elle offre une curieuse analogie avec celle des anciens Perses qui n'admettaient, eux aussi, ni temples ni idoles.

[1] L'instinct idéaliste des Germains, comme il arrive d'ordinaire, s'est reflété dans leur langue. « Dans les langues germaniques, dit Ozanam, l'âme est désignée par un mot qui n'appartient qu'à elle, sans métaphore et sans équivoque, tandis que les Grecs et les Latins n'avaient su lui donner que le nom de ce souffle corporel et périssable (ψυχή, anima) que l'homme porte dans sa poitrine. » *Études germaniques,* t. Ier, p. 176.

donc pas autant de contradiction qu'on le pense entre les instincts et les mœurs loués par Tacite et les excès révélés par Grégoire de Tours. Des caractères tels que ceux de Brunehaut et de Frédégonde n'attestent-ils pas la fière indépendance de la femme germaine, l'ascendant qu'elle exerce sur ses fils et sur son époux? Et le meurtre de Galswinthe, les vices brutaux de Chilpéric ne prouvent-ils pas aussi que la chasteté et le respect de la femme étaient des vertus sujettes à de terribles épreuves chez les Germains? C'est au christianisme qu'il appartenait de faire peu à peu l'éducation de cette forte race, en bridant ses passions mauvaises, en cultivant et en développant ses bons instincts. Le modèle des rois chrétiens du moyen âge, saint Louis, était de race germaine. Le christianisme, tel est le don inappréciable que les Germains ont reçu des populations romanes, à qui ils ont apporté en échange cet instinct idéaliste destiné à raviver la flamme où se consumèrent insensiblement, après la chute de l'empire, autant que le permettait la nature humaine, les restes honteux du matérialisme romain. Dans l'ordre religieux et moral, comme dans l'ordre politique et social, le mélange fut donc un bienfait.

Dans l'ordre intellectuel, est-il vrai de dire que les barbares avaient tout à recevoir des populations romanes et qu'ils ne pouvaient rien leur donner? Ici encore, il importe de faire une distinction. Il ne faut pas confondre l'*instruction*, c'est-à-dire la somme des connaissances acquises, avec le génie créateur, avec l'*inspiration* qui les féconde et qui les accroît. Une nation, une race peut être supérieure à une autre par l'instruction, quoiqu'elle lui soit inférieure par l'inspiration, par le génie créateur. C'est même, en général, le destin des sociétés vieillies que, possédant un vaste dépôt de connaissances, elles s'arrêtent, pour ainsi dire, et se fixent dans la contemplation de ces richesses, n'ayant plus la vigueur d'esprit nécessaire pour les mettre en œuvre et pour les augmenter. Tel a été, en particulier, le sort de la société du Bas-Empire, stérile héritière des trésors intellectuels de la Grèce et de Rome, qu'elle laissait tristement s'immobiliser entre ses mains. Les forces qui lui manquaient ne pouvaient renaître que par une transformation radicale. Or, cette transformation, les populations romanes avaient bien eu la force de l'accomplir dans l'ordre théologique, mais non dans l'ordre moral, social et intellectuel. La société du Bas-Empire se trouvait donc enfermée dans un cercle sans issue : elle ne pouvait recouvrer des forces qu'en accomplissant sur elle-même un travail de métamorphose qu'elle n'avait précisément pas la force d'accomplir. D'où la nécessité d'une crise violente pour briser le cercle et introduire dans la société romaine un élément étranger, doué de cette vigueur créatrice qui pouvait seule ouvrir à l'esprit rajeuni des horizons nouveaux. L'inspiration, le souffle créateur, voilà ce qu'apportèrent aux populations romanes les peuplades germaniques qui reçurent d'elles en échange, par l'intermédiaire de l'Eglise, l'instruction qui leur manquait. Cet échange est surtout sensible dans les lettres, où l'inspiration joue le rôle principal, et où par conséquent l'influence germanique est plus fortement marquée. Mais quoique l'inspiration doive compter davantage, dans les beaux-arts, avec les règles résultant des notions acquises, et que, dans les sciences, elle soit presque nécessairement subordonnée à une instruction préalable, comme après tout dans les arts et même dans les sciences, elle est la condition indispensable de tout progrès, il faut, je crois, reconnaître que là encore l'influence des barbares n'a pas été stérile. Le temps qu'ils ont mis à s'instruire et à renouer la chaîne, un instant brisée, de la tradition artistique et scientifique, n'a pas été un temps perdu. Il est même certain que, dans l'ordre artistique, la rupture a eu cet avantage de laisser à l'inspiration forcée de tâtonner à la recherche des règles perdues, et, par conséquent, préservée de l'imitation servile, une plus grande liberté d'allure, ce qui l'a conduite, notamment en architecture, à des créations d'une merveilleuse originalité. Cela dit, je me borne aux lettres, et j'examine d'un peu plus près la part qui doit être faite aux barbares dans le mélange.

On ne peut contester aux peuples germains d'avoir eu dès l'origine, une imagination féconde, un tempérament poétique. Aussi haut qu'on remonte dans leur histoire, on les trouve en possession de chants religieux et guerriers, œuvres pour ainsi dire impersonnelles, expression commune des souvenirs et des sentiments de la race, qui se transmettaient, en se modifiant, de génération en génération, et que les guerriers répétaient en chœur quand ils marchaient au combat. « Ces peuples, dit Tacite, célèbrent en de très-anciens chants, où sont contenues leurs traditions et qui leur servent d'annales,

le dieu Tuiscon né de la terre, et son fils Mannus, qu'ils
regardent comme les ancêtres de leur race [1]. » Et Jornandès
rapporte que les Goths chantaient encore de son temps, « en
des poëmes, pour ainsi dire, historiques [2], » les victoires qu'ils
avaient remportées à l'extrémité de la Scythie. Depuis les ré-
cents progrès de l'histoire littéraire, on sait que de tels chants,
qui tendent peu à peu à se grouper en vaste récits, sont précisément les matériaux qui, combinés avec la tradition orale ou
légende, servent à construire une épopée nationale. Or non-
seulement les Germains aimaient à répéter leurs anciens chants,
mais, tous les jours, ils en composaient de nouveaux ; car les
exploits de leurs chefs fournissaient constamment une ample
matière à ces poëmes guerriers. Quand, après la ruine de l'Empire, les Francks, sous Clovis et ses fils, dominèrent l'ancienne
Gaule, et commencèrent à se mêler avec les vaincus et à parler leur langue, ils ne perdirent point cette habitude. Au contraire, ils la transmirent aux Gallo-Romains qui, saisis à leur
tour d'un poétique enthousiasme, célébrèrent dans des canti-
lènes composées en langue romane ces chefs germains que la
conversion de Clovis au catholicisme avait transformés, aux
yeux des anciens sujets de l'empire, en rois légitimes, en souverains nationaux. C'est ainsi que, de Clovis à Charlemagne,
l'épopée germanique enfanta l'épopée française, qui, de Charlemagne à Hugues Capet, se constitua autour du grand souvenir
de l'empereur germain d'Occident [3]. C'est à l'invasion germaine
que les populations romanes durent de voir croître et grandir
sur le sol de la Gaule, pour se répandre et germer ensuite dans
l'Europe tout entière, cette magnifique production du génie
français qu'on appelle l'épopée chrétienne et chevaleresque, et
rien ne prouve mieux que, par leur mélange avec les barbares,
ces populations, quoi qu'en dise M. Littré, furent véritablement
rajeunies. Ce rajeunissement n'est pas attesté par l'épopée française seulement, mais par tout le mouvement littéraire du moyen
âge. Une telle expansion des intelligences, qui recréèrent sous

---

[1] « Celebrant carminibus antiquis, quod unum apud illos memoriæ et anna-
lium genus est, Tuisconem deum terra editum et filium Mannum, originem
gentis conditoresque. » *Germania*, cap. II.

[2] « Quemadmodum et in priscis eorum carminibus pene historico ritu in
commune recolitur. » *De Gothis*, cap. IV.

[3] Gaston Paris, *Histoire poétique de Charlemagne*; Léon Gautier, *Les
Épopées françaises.*

des formes nouvelles, moins pures peut-être, mais peut-être aussi plus libres et plus hardies, tous les genres littéraires jadis enfantés par le génie de la Grèce antique, ne prouve-t-elle pas, si on la compare à la décrépitude intellectuelle des derniers temps de l'empire, que l'influence des barbares a été véritablement salutaire, et que si les Germains ont reçu des populations romanes l'instruction qui leur manquait, ils leur ont apporté en retour la vigueur créatrice, l'inspiration dont elles étaient complétement dépourvues sous l'autorité des Césars? Dans l'ordre intellectuel comme dans l'ordre religieux et moral, comme dans l'ordre politique et social, le mélange fut donc un bienfait.

Non-seulement les Germains avaient des aptitudes qui manquaient aux populations romanes, mais encore ils avaient une merveilleuse inclination à recevoir et à s'assimiler ce qui leur manquait à eux-mêmes. Ils firent preuve de cette faculté d'assimilation dans l'ordre politique et social, dans l'ordre religieux et moral, enfin dans l'ordre intellectuel. C'est ce que je vais essayer de montrer en peu de mots.

Si l'on entend par *civilisation* une organisation sociale plus forte et plus réglée, il est juste de dire, avec M. Mignet, que la race germanique était apte à la recevoir plutôt qu'à la produire [1]. Il est certain que, livrée à elle-même et sur son propre sol, cette race n'a pas réussi à constituer des empires stables, et que les peuplades qui la composaient, loin de se fixer en resserrant les liens sociaux et en bâtissant des villes, sont, pour la plupart, demeurées errantes à travers les steppes et les forêts de la Germanie. Cependant, dès le temps d'Auguste, les plus intelligents d'entre les chefs Germains, un Arminius, un Marobaud, avaient été vivement frappés de la supériorité que donnaient aux Romains l'ordre et la discipline, et ils avaient dès lors essayé de procurer ces avantages à leurs compatriotes. Marobaud avait même un instant réussi à fonder en Bohême un véritable empire germain, où il avait imité l'organisation romaine. Mais cette tentative, ainsi que les efforts d'Arminius pour plier les Germains à l'obéissance, échouèrent contre l'instinct de farouche indépendance qui, sur le sol natal et comme s'il se fût retrempé

---

[1] Mignet, *Mémoires historiques. Introduction de l'ancienne Germanie dans la société civilisée*, p. 2.

chaque jour dans la secrète horreur des bois sacrés, étouffait tout autre instinct. Mais dès que les barbares se trouvaient sur le sol de l'empire et qu'ils avaient participé un peu de temps à la vie romaine, il n'en était plus de même. Ils s'assimilaient avec une étonnante facilité non-seulement les avantages, mais jusqu'aux vices de la civilisation. Il suffit de rappeler que sous les derniers Césars ils occupaient les plus hauts postes de l'Etat et qu'ils s'acquittaient des fonctions civiles aussi bien que des militaires. Quand, lors de l'invasion, ils débordèrent en masse sur le sol de l'empire, ils montrèrent promptement les mêmes dispositions que quand ils s'étaient répandus isolément soit dans les légions, soit à la cour des empereurs. On sait comme le frère d'Alaric, Ataülf, se laissa facilement gagner à l'alliance de Rome par sa captive Placidie, fille du grand Théodose, et combien il regrettait de ne pouvoir plier les Goths, trop barbares encore, à des lois qui eussent fait de lui non pas seulement leur roi, mais leur César-Auguste. Il est curieux d'observer le brusque changement qui s'opère dans l'esprit de ces rois Goths, quand ils ont contemplé quelque temps, du haut du pavois où leurs guerriers les élèvent, le spectacle imposant de la grandeur romaine, qui atteignait pourtant alors les dernières limites de son déclin. Après le meurtre d'Ataülf, son successeur, Sigeric, commence par maltraiter Placidie; huit jours après, il est renversé comme trop favorable à l'alliance romaine. Un nouvel élu, Wallia, jure une guerre éternelle à Rome, et ce fut lui, pourtant, qui reconquit l'Espagne pour le compte de l'empire, et fixa enfin à Toulouse, du consentement d'Honorius, la royauté jusqu'alors errante des Visigoths. Après la chute de l'empire d'Occident, Théodoric, vainqueur d'Odoacre et roi des Ostrogoths, crée un royaume d'Italie où il adopte et met en vigueur tous les principes de l'administration romaine. Ce royaume, à la vérité, fut éphémère; mais les rois des Visigoths ayant transporté en Espagne le siége de leur pouvoir, s'y implantèrent si bien, que lors de l'invasion arabe ils en étaient devenus les souverains nationaux, et que les deux races, à savoir les Germains et ces anciens sujets de Rome, les Celtibères, confondaient leurs cœurs dans un commun patriotisme, dont le feu sacré fut entretenu, en attendant l'heure du triomphe, par don Pélage et ses vaillants successeurs.

La conduite des rois Francs est plus curieuse encore. Clovis

reçoit de l'empereur d'Orient Anastase, les titres de patrice et
de consul. L'idée d'ordre et de discipline fait de tels progrès
dans l'esprit de ses successeurs, que les rois Mérovingiens,
oubliant l'antique liberté des Germains, essayent de ressusciter
à leur profit les règles tyranniques de la fiscalité romaine et le
despotisme des Césars. Le Bas-Empire est sur le point de re-
commencer en Neustrie, et la régénération de la Gaule serait
compromise, sans l'invasion austrasienne, qui vient renforcer
l'élément germanique en substituant aux Mérovingiens corrompus la noble famille des Héristal. Le Bas-Empire est définitivement vaincu, mais l'idée d'ordre et de discipline est aussitôt reprise et mise en vigueur par Charles Martel, qui donne à
la société nouvelle, où commencent déjà à se confondre Germains et Romans, son assiette définitive, en bornant les invasions au sud par la victoire de Poitiers, à l'est par une série de
glorieuses campagnes contre les peuplades encore errantes qui
se pressaient sur la frontière de la Gaule pour y entrer à leur
tour.

L'œuvre de Charles Martel, continuée par Pépin le Bref,
est achevée par Charlemagne. Ce grand homme réalise, autant
que cela était possible, le rêve d'Arminius, de Marobaud,
d'Ataülf. Il ceint la couronne impériale sans ressusciter le Bas-
Empire, et tout en restant, d'esprit et de cœur, un idéaliste germain. Avec Charlemagne, l'idée d'ordre et de discipline, c'est-
à-dire la partie durable de la civilisation romaine, s'empare
du sol même de la Germanie et dompte enfin pour toujours la
farouche horreur des bois sacrés. La période de bouleversement
et de rénovation est close ; la période d'organisation, d'où sor-
tira le moyen âge, est commencée. J'ajouterai deux faits
encore. La fraction de la race germanique demeurée en Allemagne, celle qui s'était laissé discipliner avec le plus de peine,
se chargea bientôt de contenir et de fixer sur le sol qu'elles
occupaient les peuplades slaves qui se pressaient derrière elle.
Comme le dit M. Mignet [1], « le mouvement de civilisation vers
le Nord ne discontinua point. Les chefs de ces Saxons encore
barbares en 789 au point de faire des sacrifices humains, de ces
Saxons qui avaient résisté avec une opiniâtreté indomptable

---

[1] Mignet, *Mémoires historiques. Introduction de l'ancienne Germanie dans
la société civilisée*, p. 159, 160.

pendant trente ans, furent, un siècle après, à la tête de ce mouvement. Ils devinrent les dominateurs de l'Allemagne et les empereurs de l'Occident. » Henri l'Oiseleur et les trois Othon se faisaient appeler Césars-Augustes : ils se réclamaient, non de Witikind, mais de Charlemagne. Le dernier fait que je signale a trait à la dernière invasion germanique, celle des pirates Scandinaves. Il ne semblerait pas, au premier abord, que ces Northmans, brûleurs de villes et de monastères, qui promenèrent si longtemps à travers la Gaule, dont ils remontaient les fleuves sur leurs barques légères, leurs incursions dévastatrices, dussent aisément s'attacher au sol et se plier à des lois. Le traité de Sainte-Claire-sur-Epte fit pourtant d'eux, pour ainsi dire sans transition, un peuple sédentaire et soumis, et de leur chef, le farouche Rollon, tige des ducs de Normandie, un ferme et habile administrateur. Quand le petit-fils de Rollon, Guillaume le Conquérant, passa en Angleterre, il représentait, ce me semble, en face des Anglo-Saxons en proie à des divisions funestes, l'ordre et la discipline, et le peuple anglais est peut-être redevable en partie à l'invasion normande ou plutôt française, de cet esprit hiérarchique et conservateur qui tempère si heureusement dans sa constitution politique l'expansion fougueuse de l'individualisme anglo-saxon. Quoi qu'il en soit, de la rapide énumération que je viens de faire, il résulte que, dans l'ordre politique et social, les Germains ont montré une singulière aptitude à s'assimiler ce qui leur manquait, je veux dire cet instinct d'ordre et de discipline que Rome avait laissé si profondément empreint dans l'esprit des peuples romans.

Le christianisme n'étant autre chose que l'ordre moral et la discipline par excellence, il n'est pas étonnant qu'il ait eu tant de peine à s'implanter sur le sol de la Germanie, et que pourtant les peuplades germaniques l'aient si facilement accepté, dès lors qu'elles s'établissaient sur le sol de l'empire ou quand un fréquent contact avec les Romains avait développé chez elles cette aptitude à s'organiser, qui ne parvenait point à se produire elle-même. L'aptitude des Germains au christianisme, qu'il faudrait conclure *a priori* des instincts idéalistes et individualistes de cette race privilégiée [1], se prouve *a posteriori* par deux

---

[1] Il n'y a pas contradiction avec ce que je dis plus haut. Le christianisme est *l'ordre moral*, mais librement accepté; c'est la *discipline* par excellence,

faits incontestables : en premier lieu la promptitude de leur
conversion sitôt que d'heureuses conjonctures leur permet-
taient d'apprécier la supériorité de la loi du Christ sur leurs
traditions religieuses ; en second lieu, leur merveilleuse inclination à devenir, après un peu de temps, de convertis convertisseurs. Il est bien remarquable que ce soit un peuple germain (les Anglo-Saxons) qui ait fourni au christianisme saint
Boniface, l'apôtre de la Germanie, et que ce pays, que n'avaient
pu entamer les missionnaires de race latine, ait été conquis à la
foi par ses propres enfants qui, repassant la mer jadis franchie
par leurs aïeux, apportèrent la bonne nouvelle à leurs frères,
c'est-à-dire aux futurs convertisseurs des Slaves. Le flambeau
du christianisme que les peuples, de siècle en siècle, de région
en région, se transmettent et se transmettront jusqu'au jour
où il n'y aura plus qu'un seul troupeau et un seul pasteur, a
jeté chez les Germains de trop vives lueurs pour qu'on puisse
nier leur aptitude à le recevoir, et on peut remarquer encore
des marques profondes de cette aptitude chez les nations
mêmes que l'hérésie a enlevées à l'unité. Sur certains points
(par exemple le repos du dimanche), qui pourrait nier que les
Anglais n'aient les mœurs (qui dérivent proprement des aptitudes) plus chrétiennes que nous ? Dans l'ordre religieux et
moral comme dans l'ordre politique et social, l'historien doit
constater la merveilleuse faculté d'assimilation dont étaient
doués les Germains.

Il en est de même dans l'ordre intellectuel. Aussitôt que les
barbares se trouvèrent, soit individuellement, soit en masse,
en contact avec les populations romanes, et qu'ils s'aperçurent,
pour la première fois, de leur ignorance, ils se montrèrent avi-
des de l'instruction qui leur manquait ; capables de la recevoir
et d'en profiter, même jusqu'à l'excès, c'est-à-dire jusqu'à
prendre les défauts des rhéteurs latins, leurs maîtres, au risque
d'altérer l'originalité du génie national. Comme pour faire
pendant aux ministres, aux généraux barbares des derniers
temps de l'empire, il y eut à la même époque un poëte latin
barbare, un germain dont les vers sont d'un goût aussi raffiné

mais la discipline que la conscience humaine, éclairée par Dieu, s'impose à
elle-même. Le christianisme convenait merveilleusement à l'esprit germain,
puisqu'il n'est autre chose qu'une *obéissance raisonnable* aux lois révélées.

que ceux de Sidoine Apollinaire. « Ce qui frappe le plus dans Mérobaude, dit M. Amédée Thierry, c'est la correction de son langage et l'élégance recherchée de la versification. Rien n'y rappelle l'âcre saveur du terroir natal, et l'on y chercherait vainement quelque trace du génie germanique et de ses rudes élans; la muse des Scaldes s'est trop bien disciplinée sous la férule des rhéteurs latins [1]. » Après l'invasion, les rois barbares aimèrent à s'entourer d'hommes lettrés, ils s'efforcèrent de faire instruire à la romaine les fils de leurs leudes, et ils se piquèrent eux-mêmes de savoir et de bon goût. On sait que Chilpéric réformait l'alphabet et faisait des vers. Ce qui est ridicule dans un esprit étroit et bizarre comme celui du fils de Clovis, est admirable chez un grand homme comme le fut le fils de Pépin. Rien n'est plus touchant que cette passion de Charlemagne pour l'instruction, qui fit du vainqueur des Saxons et des Lombards le docile écolier d'Alcuin et qui, tourmentant son esprit durant les nuits où le sommeil fuyait ses paupières, mettait dans cette main victorieuse le poinçon des écrivains pour tracer sur des tablettes, toujours placées à son chevet, des caractères qu'elle ne formait qu'avec peine. Le précepteur de Charlemagne et de ses fils, le maître de l'école du palais, Alcuin, était un Anglo-Saxon. Les grands monastères fondés en Germanie par l'empereur, furent des foyers de lumière d'où l'instruction rayonna sur l'Allemagne. Au x⁰ siècle, à Gandesheim, en Saxe, une religieuse allemande composait, à ses heures de loisir, des drames latins où elle imitait le style de Térence. La race germanique a suffisamment prouvé depuis lors, elle prouve tous les jours encore, et trop souvent à notre honte, ses merveilleuses facultés et son incomparable puissance de travail dans l'ordre intellectuel. Il n'est donc pas utile d'insister plus longtemps sur ce fait, qui ne paraît guère contestable : l'aptitude des barbares à recevoir l'instruction qui leur manquait, et à mettre en œuvre, une fois acquises, les connaissances que leur transmirent les peuples romans.

S'il est vrai que, d'une part, les Germains apportèrent dans le mélange des qualités qui manquaient aux peuples romans, et qu'ils montrèrent, d'autre part, une merveilleuse aptitude à s'assimiler ce qui leur manquait à eux-mêmes, j'ai eu raison de

[1] *Saint Jérôme,* t. II, p. 379.

dire que le système de M. Littré ne tient point contre les faits.
Il ne tient pas non plus, suivant moi, contre la loi générale de
l'histoire, qui me paraît avoir été complétement méconnue par
le savant académicien.

Les sociétés, les empires, naissent et meurent comme les
hommes. Comme les hommes, leur vie se partage en périodes
qu'on appelle des âges : ils ont leur enfance, leur jeunesse,
leur maturité, leur vieillesse. L'historien qui contemple, comme
en un miroir, l'image qu'ils nous ont laissée d'eux-mêmes, les
voit croître et grandir, arriver à l'apogée de leur force et de
leur beauté, puis descendre insensiblement, quand un brusque
accident n'interrompt point tout à coup le cours de leurs destinées, la pente d'une inévitable décadence. Pour les sociétés
comme pour les hommes, un jour vient qu'il faut disparaitre
et faire place, sur la scène du monde, à de nouveaux acteurs, à
de nouvelles combinaisons. Cette loi, jusqu'ici, n'a point souf-
fert d'exception, et tous les jours encore nous pouvons la voir
se vérifier sous nos yeux. Les premières sociétés, j'entends les
premiers essais d'une organisation assez forte pour que
l'homme pût acquérir en sûreté l'instruction et former des
règles pour la politique, pour les sciences, pour les lettres et les
beaux-arts, Ninive, Babylone, l'Égypte des Pharaons, le grand
empire des Perses, n'ont pas réussi à s'éterniser sur cette terre
ni à se transformer au sein de leur décadence, et à renaître,
comme le phénix, de leur propre anéantissement. La Grèce
leur a succédé, et si vigoureusement qu'elle ait fleuri, dans la
libre variété de ses républiques, la civilisation grecque se mou-
rait tristement quand les légions de Rome vinrent l'arracher à
un sol épuisé pour en décorer la ville éternelle. L'empire romain
périssait quand les barbares s'en emparèrent. Recueillant les
débris de ce grand corps, dont l'Eglise avait adouci la chute,
ils édifièrent la société du moyen âge et les nations modernes.
Qu'étaient-ils enfin ces barbares, sinon les nouveaux acteurs
que l'inévitable loi de l'histoire, disons mieux, que la Providence réclamait pour de nouvelles combinaisons ?

S'il est un principe que l'histoire démente, n'est-ce pas celui
qui a été formulé par M. Littré en ces termes absolus : « Les
peuples barbares ont moins d'idées et moins d'aptitudes que les
peuples civilisés ? » Moins d'idées, soit ; mais moins d'aptitudes ? L'Egypte, l'Assyrie, ne jouissaient-elles pas d'une civi-

lisation relativement florissante à une époque où les Grecs méritaient à coup sûr ce nom de demi-sauvages que M. Littré applique aux Germains des invasions? Qui ne voit pourtant combien il serait peu juste de dire que les Grecs avaient moins d'aptitudes que les Egyptiens et les Assyriens? Les Chinois ont été longtemps en avance sur les autres peuples, en fait d'organisation sociale, mais étant restés stationnaires, on les a vus dépassés par des nations qui, par rapport à eux, étaient autrefois des barbares. M. Littré pense-t-il que les Chinois avaient des aptitudes supérieures à ces nations qui les ont dépassés? Non, sans doute. Un peuple peut donc être actuellement barbare par rapport à un autre peuple dont le génie est inférieur au sien, et dont les aptitudes, plus promptement développées, produiront moins et moins longtemps. Non, les peuples dits barbares n'ont pas nécessairement moins d'aptitudes que les peuples dits civilisés; l'enfant qui, bégayant encore, peut à peine exprimer la plus simple pensée, porté parfois en lui le germe de créations plus belles que n'en ont produit les vieillards qui ont beaucoup appris, parce qu'ils ont beaucoup vécu. Il en est ainsi des nations, des empires, des sociétés. La société romaine, parvenue au dernier terme de la décrépitude, n'avait plus aucune aptitude. Le christianisme, destiné à sauver les hommes, n'avait point mission de sauver l'empire : le monde civilisé expirait de vieillesse. Les Germains sont venus; ils se sont faits chrétiens, et ils ont tout rajeuni. Les débris d'un vieil édifice peuvent servir à une construction nouvelle; mais on ne bâtit pas seulement avec des ruines.

(Extrait de la *Revue des questions historiques.*)

Le Mans. — Impr. Ed. Monnoyer, place des Jacobins.